JAN ERIK VOLD

BLUES Y VIDA

Selección, Traducción y Prólogo por
Roberto Mascaró

BLUES Y VIDA

Blues y vida ©
Jan Erik Vold ©
Traducción al español de Roberto Mascaró ©
Prólogo por: Roberto Mascaró
Copyright © Editorial del Gabo, 2015
Colección: Edda #6
ISBN: 978-0-692-49170-6

Edición y Corrección: Andrés Norman Castro
Arte exterior: Sirius Estudio
Diagramación: Sirius Estudio

Editorial del Gabo
San Salvador, El Salvador, Centro América
editorialdelgabo.blogspot.com • ❚ /editorialdelgabo

*Agradecemos que el costo de esta traducción fue sufragado por una subvención
del Gobierno de Noruega a través de NORLA - Norwegian Literature Abroad
(Literatura Noruega en el Exterior)*

NORLA

UN MAESTRO DE LAS NIEVES DEL NORTE

El nombre de **Jan Erik Vold** (Oslo, Noruega, 1939) se asocia a menudo con el jazz y el blues, a raíz de las frecuentes performances poético-musicales que ha brindado este poeta en distintos festivales internacionales. Poeta singular, que no se ha conformado con la fría partitura del libro, sino que ha agregado la palabra viva a su repertorio. Varios discos documentan este trabajo. De producción variada, abundante y continua, Vold ha estado publicando todo el tiempo sus variaciones poéticas, que recuerdan, como sus actuaciones, a las *jam sessions.* La improvisación está latente en mgran parte de su poesía. Además de su obra poética, ha publicado crítica literaria, biografías y también traducciones propias.

Este volumen nos ofrece dos variantes de su producción:

Huellas, nieve consiste en una serie de micropoemas que se funden en un largo poema, que a su vez es un libro publicado en 1970. Los textos se interpenetran, se relacionan, se parodian entre sí; todo sobre algunos ejes temáticos, aunque el que en realidad habla es el lenguaje mismo, que hace muecas frente al espejo (una imagen que siempre ha sido grata al autor) y termina incluyendo apasionados versos amatorios, pero también juegos de sinsentido y de absurdo.

Se hace visible que el autor es un conocedor del jaicú japonés, del epitafio, del epigrama, el refrán y de la máxima, y aquí los imita o parodia con excelencia moderna "vine/ vi/ desaparecí"; pero también agrega esa otra tradición oral tan presente en todos los tiempos y por eso mismo tan poco recogida en el sacralizado género de la poesía: el chiste, el piropo, la chanza, la ocurrencia. Con su lectura también vienen a la memoria los fragmentos de Safo, esa maravillosa poesía involuntaria que nos dejó la Historia.

Y no quiero olvidar el humor: este poeta escribe una poesía casi siempre irónica, como gran parte de la postvanguardia del S XX. Humor blanco y, en ocasiones, humor negro. Esto recuerda a maestros latinoamericanos como Nicanor Parra y Roque Dalton. En especial cuando habla de política. El poeta mezcla todos estos ingredientes y los elabora en un gran cóctel que admite tanto la micro como la macrolectura. Los brevísimos poemas pueden ser leídos como textos independientes, pero también podemos leer **Huellas, nieve** como un largo poema-río. En la mixtura final se incluyen cortísimas historias, metáforas sueltas, curiosidades, piropos, comentarios banales, etc. etc.

Mucho cabe en esta masa de texto que se forma con elementos tanto diversos como afines. Y más allá de todo esto, Vold incluye en este libro poemas en sueco (su lengua cotidiana, ya que el poeta reside en Estocolmo desde hace décadas), expresiones de la otra lengua de Noruega que es el *neonoruego* (una lengua principalmente escrita en ciertas regiones del país) y un poema en inglés. Todo lo anterior, en torno a los puntos de imantación que producen unas huellas en la nieve, una nieve abstracta y a la vez concreta: las queridas nieves de su país natal, lenguaje común del habitante nórdico. Este libro lo ofrecemos aquí en una traducción completa y bilingüe.

S fue publicado por primera vez en 1978 y pertenece a una vertiente bien distinta de su producción poética. Este es un libro donde aparece la llamada estrofa *Vold*, creada por el autor, también emparentada con el jaicu. Esta estrofa se compone de cuatro versos libres, casi siempre blancos, que se enlazan a otras estrofas con la misma característica. *S* está organizado a manera de calendario y es un compendio de sensaciones y sorpresas de la naturaleza. El abedul, ese árbol de corteza blanca característico del Norte, es siempre un preferido en las imágenes de Vold. Los pájaros de la región revolotean por todo el poemario. En este libro se continúa el canto de buena voluntad, de lucha contra las injusticias sociales pero también las ecológicas, que han sido parte esencial del repertorio de este maestro residente en Estocolmo y considerado el poeta vivo más importante de Noruega. De *S* hemos agregado una breve selección.

Terminaré agregando que la traducción, para mí, no es transcripción. Traducir poesía implica recrear de algún modo el ritmo -que para mí es la razón mayor de este género- del original e intentar que el clima y el mundo imaginario de la obra no se pierda entre los pesados conceptos. También es intentar que el texto español se relacione de manera fraterna con el original, evitando el divorcio o la relación por compromiso. Si los poetas leen a otros poetas para buscar nuevos caminos, para abrir nuevas puertas a la poesía propia, para participar en ese gran proceso colectivo que es la creación, los que traducen poesía de otra lengua y de una tradición cultural diferente intentan abrir una nueva puerta, una nueva dimensión. Es necesario efectuar una lectura y relectura intensa, concentrada de la obra y, con el tiempo y con los diferentes libros, profundizar en los valores y en el estilo en el camino de transformarse, el traductor, en un *alter ego* al servicio de la obra, con la responsabilidad de recrearla en otra lengua. Con toda la intensidad y entrega que esto exige. Con el mismo respeto que merece un texto propio, que se hace propio en el proceso. Así ha sido, en este libro, el intento del traductor. Y es de esperar que, luego de varios volúmenes de Vold al español, la labor vaya dando algunos frutos.

Roberto Mascaró
Malmö, 2015

del libro

SPOR, SNØ

HUELLAS, NIEVE

(1970)

solen
står på himmelen
og lyser

hva gjør lyset
i bjørketrærne? lyset
ser sig om

da kirkeklokkene
hold opp, hørte vi
spurvenne

svarttrosten
på snøhaugen, gul nebb
også i år

en måkefjær
daler ned. han tar den med opp
til sin søster

el sol
está en el cielo
y brilla

¿qué hace la luz
en los abedules? la luz
reconoce el terreno

cuando las campanas de la iglesia
se acallaron, escuchamos
los gorriones

el mirlo
en el montón de nieve, pico amarillo
este año también

una pluma de gaviota
desciende. él la eleva
hacia su hermana

de
første snøn, dette
hade jeg glemt

trådene går
i mykt bue
fra mast til mast

ingen har slike
øyne som deg, jeg sier det
gjerne om igjen

den grove handa
den fine handa
og svalene

hvem vinker
i løvet? Nei
ikke spør

la
primera nieve, esto
lo había olvidado

los hilos van
en suave arco
de mástil a mástil

nadie tiene ojos
como los tuyos, lo repito
con gusto

la mano áspera
la mano suave
y las golondrinas

¿quién saluda
en la hojarasca? no,
sin preguntas

berget
det varme berget
augustinatten

ansiktet
søker
ansiktet, mykt

hvit himmel
blå himmel
ingen himmel

to føtter
på sokkelesten, den ene
hviler på den andre

vil du komme
og bo hos meg
i vinter

la montaña
la cálida montaña
la noche de agosto

el rostro
busca
al rostro, suavemente

blanco cielo
azul cielo
ningún cielo

dos pies
con calcetines, el uno
descansa en el otro

quieres venir
a vivir conmigo
en invierno

en forelsket
oker morgen, en forelsket
blåhvit morgen

dine sko
under min seng
goddag goddag

katta på tunet
så stor i dag
snøen er kommet

så godt du kledte
den gamle skinnjakka
mi, minns du

hva gjør du
med lyset, jan erik
det samler jeg på

una ocre mañana
enamorada, una mañana
celeste enamorada

tus zapatos
bajo mi cama
buen día buen día

gata en el patio
tan grande hoy
llegó la nieve

tan bien que te quedaba
mi vieja chaqueta
de cuero, recuerdas

qué haces
con la luz, jan erik
la estoy juntando

nå dukker hagene opp
under snøn, små gamle menn
som raker løv

er solen
et øye? solen
ja

treet
står hvitt. Jeg
kom ikke

månen
kvistene, en
som ser

men vakrest av alt
var snøen
som smeltet å pannen din

ahora emergen los jardines
debajo de la nieve, viejitos
barren hojarasca

¿es el sol
un ojo? el sol
sí

el árbol
allí, blanco. yo
no vine

la luna
las ramas, alguien
que ve

pero lo más bello de todo
fue la nieve
que se derritió en tu frente

ikke glad men litt
glad. det var den
dagen

regnet
gir lyder, det gjorde
ikke sneen

stein i strandkanten
grønn glatt
så flør det

vennlig
vannlig
hvitt

nå
har vi det godt
du sover

no alegre pero un poco
alegre. fue ese
día

la lluvia
emite sonidos
no la nieve

la piedra en la orilla
verde alegre
así fluye

amable
común
blanca

ahora
estamos bien
tú duermes

siv ut av sjøen
siv med i sjøen
sjøen

våkne
til regn, huset
stiger

et glass
vann, glasset
vannet

enn
øyne
da? milde

best husker jeg deg
stående naken
på badekarskanten

surge del mar
sumérgete en el mar
el mar

despierto
con la lluvia
la casa sube

un vaso
de agua el vaso
el agua

¿un
ojo
entonces? leve

te recuerdo mejor
de pie desnuda
al borde de la bañera

dørskiltet alltid
blankpusset. barna
har glemt sin far

hon hoster
i trappen. kommer hun
nå då

måne
og kaldt, stjerner
i gresset

det rører sig
mellon trærne. det er
en skøytebane

vid siste hogg
går sola ned
øksa står i stabben

el marco de la puerta siempre
brillante. los niños
olvidaron a su padre

ella tose
en la escalera, vendrá
ahora entonces

luna
y frío, estrellas
en la hierba

movimiento
entre los árboles, es
una pista de patinaje

con el último hachazo
baja el sol
también está en el tajo

hanske i snøen
i løst grep
om ingenting

tyve snødekte fjell
det eneste som rørte seg
var svarttostens øye

du gikk
vinden
ble

løvet blåser
langs brosteinen, tidlig
april

regner det ute
er det ringer i dammen
ja

guante en la nieve
en flojo apretón
de nada

veinte picos nevados
lo único que se movía
era el ojo del mirlo

tú te fuiste
el viento
se quedó

vuelan las hojas
sobre los gijarros, temprano
abril

si llueve
hay anillos en el estanque
sí

hun går og ser ned
han stamper paraplyen
hardt i bakken

stilige isklumper
istedenfør varme
nei

snøen blåser
i alle retninger, snøen
skal ned

vi ses
sa hun og ble borte
for godt

en svart sommerfugl
og en hvit sommerfugl, han
li stående i krysset

ella va cabizbaja
él va golpeando con el paraguas
en la cuesta

lindos bloques de hielo
en lugar de calor
no

la nieve vuela
en todas direcciones, la nieve
caerá

nos vemos
dijo ella y se fue
para siempre

un pájaro negro de verano
y uno blanco, él
se queda parado en la encrucijada

stå
foran speilet
og si: jeg

på en knagg
i det revne huset
en rød kappe

så trekker hun
ansiktet sammen, han krøller
posen og kaster den

det står en
bak treerne og har dine
øyne

tre rimdeke blad
i november, fugler
sovnet i treet

estar
frente al espejo
y decir: yo

en un gancho
en la casa derrumbada
un abrigo rojo

entonces ella se toma
el rostro, él arruga
la bolsa y la bota

hay uno
tras los árboles y tiene
tus ojos

tres hojas que riman
en noviembre, pájaros
duermen en el árbol

ut av skogen, inn
i lyset, da står
denne stemmen der

oroa dig inte
det ordnar sig
aldrig

gresset
vaier i vinden, gresset
er grønt

jeg kom
jeg så
jeg forsvant

spaden
i sandkassa, den gamle
på benken smiler

fuera del bosque, dentro
de la luz, allí
está ese tronco

no te inquietes
se arreglará
nunca

la hierba
se mece al viento, la hierba
es verde

vine
vi
desaparecí

la pala
en la caja de arena, el viejo
en el banco sonríe

jeg er
så glad i deg
huff ja

på taket
under snøen
lå en ball

han smyger seg inn
blant trærne og kommer
tillbake, plystrende

på varebilen
en diplomis-eskimo
jeg vinker tilbake

gick hun
med BH
mon tro

me das
tanta alegría
¡uf! Sí

en el techo
bajo la nieve
una pelota

él se desliza
entre los árboles y
vuelve silbando

en el camión de carga
un esquimal diplomado
devuelvo el saludo

llevaba ella
corpiño
al parecer

mot
tungsinn, prøv
plommer

på mønet
sitter en fugl
så fløy huset

jeg slukker
lyset, snart sovner
fluene

og lyset går helt inntil
stammen og setter seg
på det hvite

hvor ensom
er du
hos meg

contra
la melancolía oscura, probar
las ciruelas

en el techo
hay un pájaro
entonces la casa vuela

apago
la luz, pronto dormirán
las moscas

y la luz pasa muy cerca
del tronco y se sienta
en lo blanco

qué sola
estás
conmigo

mørke drømmer
til solen
folder seg ut

en naken gren
og en stor fugl
urørlig

huset skal rives
gravemaskinen står
med murstein i munnen

rynkene
under øynene dine, du har
minst to barn nå

er du sterk
er du svak
spør vannet

sueños oscuros
se abren
hacia el sol

una rama desnuda
y un gran pájaro
inmóvil

la casa será derrumbada
la topadora tiene
ladrillos en la boca

las arrugas
bajo tus ojos, tienes ya
por lo menos dos hijos

eres fuerte
eres débil
pregunta al agua

i går stod treet hvitt
og i dag
kirsebærtreet

du vet, vi
jobber med stillhet
vi

tre dråpper vann
speiler verden oppned
oppned oppned

vakker aften
vakre mennesker, glade
ansikter i kveld

på engen tåger
over tångerne fuldmånen
overallt ingenting

ayer estaba el árbol blanco
y hoy
cerezo

sabes, nosotros
trabajamos con la quietud
nosotros

tres gotas de agua
reflejan el mundo al revés
al revés al revés

bella tarde
bella gente, rostros
alegres esta noche

raicillas en el prado
sobre las raicillas luna llena
por todas partes nada

solen
lyser brännvit. jag
är frusen

enno hugsar eg
gullet i tanna
til den dama

ekle brev
arkiverer vi ikke. de
kaster vi

porten
slår i. fire dråper
datt av

telefonen
i hjørnet og jeg
uten en lyd

el sol
brilla blanco quemante. yo
estoy congelado

todavía recuerdo
el oro en el diente
de esa dama

cartas simples
no archivamos. las
botamos

la puerta
se golpea. cuatro gotas
caen

el teléfono
en el rincón y yo
sin un sonido

tre bobler
fra bunnen, siden
ikke noe mer

det er
et mildt mørke
jeg snakker i

solen
på kanten av fossen
ennå dag

i alle fall
fins
regnet

der ligger
en skygge. der ligger
en ball

tres burbujas
del aljibe, después
nada más

es
una suave oscuridad
en la que hablo

el sol
en el borde de la cascada
todavía de día

de todos modos
está
la lluvia

allí hay
una sombra. allí hay
una pelota

lyden
av sne, lyden
av snemåking

jeg tror
jeg får en tur jeg
jan erik

svarttrosten forsvant
bak snøhaugen, da den kom frem
var snøen gått

først lyden
så flyet
så himmelen

rosene
springer ut og du
er et annet sted

el sonido
de nieve, el sonido
de apartar la nieve

creo
que daré un paseo yo
jan erik

el mirlo desapareció
tras del montón de nieve. cuando apareció
la nieve se había ido

primero el sonido
luego el vuelo
luego el cielo

las rosas
brotan y tú
estás en otro lugar

så trist hun er
så trist hun er
det var inte hennes trikk

skal jeg bli far
denna gangen
så gifter jeg meg

høsten er kommet
bilene står
med blader på taket

hånden raskt
langs gylfen før
han ringer på

hon har høy panne og hull
i ørene. tenk om hun hadde
hull i halsen

ella está tan triste
ella está tan triste
no era su tranvía

voy a ser padre
entonces esta vez
me caso

el otoño ha llegado
los coches tienen
hojas en el techo

la mano rápida
sobre la bragueta
antes de llamar a la puerta

ella tiene frente alta y hoyos
en las orejas. pensad si tuviese
hoyos en el cuello

det er
ikke sånn. Det bare er
sånn

så gikk jeg ut
og tenkte ikke mer
på det

ansiktet
har stått åpent lenge
nok nå. godnatt

jeg smiler
og sier nei, det
går ikke

foran damen
går en hund, etter hunden
går en dame

no es
así. es sólo
así

entonces salí
y no pensé más
en eso

el rostro
ha estado abierto lo
suficiente. buenas noches

sonrío
y digo no, no
es posible

delante de la dama
va un perro. Tras el perro
va una dama

sammenrullet på gulvet
ved enden av senga
våre to pyjamasbukser

se så stor
månen er i kveld, så
rød og rund

ut av åsen
fuglen flyr
inn i åsen

ansiktet ditt
når du sover, øyenlokkene
i morgenlyset

solen er finest
den står over og ser på
uansett

arrollados en el piso
a los pies de la cama
nuestros pantalones de pijamas

mira qué grande
la luna está esta noche, tan
roja y redonda

saliendo de la colina
el pájaro vuela
entrando a la colina

tu rostro
cuando duermes, los párpados
en la luz matinal

el sol es lo más lindo
está arriba y mira
de todas maneras

nyfalt snø
som drysser
fra bjørkenes kvister

er du noe sted
med din svaie rygg
nå

og når kvelden kommer
står en spark parkert
foran hvert hus

isbjørnskinn
ligge
på isbjørnskinn

hørte
du? et blad
som falt

nieve fresca
como polvo
de ramas de abedul

estás en algun sitio
con tu espalda cimbreante
ahora

y cuando llega la noche
hay una patada estacionada
frente a nuestra casa

piel de oso polar
yace
sobre piel de oso polar

¿oíste?
una hoja
que cayó

they wouldn´t let
billie sing
at lester´s funeral

du ser på meg
jeg ser på deg
vann = vann

augustustjernehimmelens
fregnete ansikt, det varer
ikke lenge

svart snute
på arket
dikt lukter godt

en
kisteklar
morgen

no deberían haber dejado
que billie cantase
en el funeral de lester

me miras
te miro
agua = agua

el rostro pecoso del cielo estrellado
de agosto, no dura
mucho

hocico negro
en la página
el poema huele bien

una mañana
lista
para el ataúd

steinen
hviler i vannskorpa
det duskregner

marmorkvinnen
under eketreet, den hvite
hagebenken

bare lukk
igjen vinduet
du

han med de smale
fingrene forsvinner
inn stien

ser du den store
furua der? Der
er det

la piedra
descansa en la corteza de agua
llovizna

la mujer de mármol
bajo el roble, el blanco
banco de jardín

oye
cierra solo
la ventana

el de los dedos
delgados desaparece
en el camino

¿ves ese gran
pino allí? allí
está

fuglespor
på isflak
som smelter

inne i skogen
inne i løvet
inne i lyset

men själva
ditt försvinnande
är kvar

uten vakre
øyne ingen
vakre ting

og alle jentene kom fram
og sa: vi er ikke
som du tror, jan erik

huellas de pájaro
en témpano
que se derrite

dentro del bosque
dentro de la hojarasca
dentro de la luz

pero tu propia
desaparición
permanece

sin bellos
ojos no hay
cosas bellas

y todas las muchachas se acercaron
y dijeron: no somos
como crees, jan erik

hvite bjørkelegger
og de større
svarte, sprukne

stivfrossen
på rompa, du
lissom

hva har du
bak øynene dine? bak øynene
har jeg ingenting

sitte ved bordet
ennå litt til, det runde
bordet og vi

vær myk
ja mannen
min

abedules blancos
y los más grandes
negros, quebrados

tieso de frío
el trasero, el tuyo
suave

¿qué tienes
tras tus ojos? tras los ojos
no tengo nada

sentados a la mesa
un rato más, la mesa
redonda y nosotros

sé suave
sí mi
hombre

hva gjorde du så
under isen? jeg fikk og så
på bjørketrærne

ingen begynnelse
ingen ende
jeg må nå le også

en hund som gjør
trærnes grener
ennå synlige

dråpen
henger der
ikke

hvitere
nå, hvitere
hvitt

¿qué hiciste entonces
bajo el hielo? yo estuve mirando
los abedules

ningún comienzo
ningún fin
tengo también que alcanzar a sonreir

un perro que hace
las ramas de los árboles
aún más visibles

la gota
no cuelga
allí

ahora
más blancas, más blancas
blanco

solkverna
maler og maler
på havets bunn

øynene
skal under torva, øynene
lyser

ringene
brer seg
i ro

en hvitmalt benk
står og lyser i hagen, klokken
er over ett

henter opp fra bunnen
en stein hvor det stod
I HATE NO ONE

los molinos del sol
muelen y muelen
en el fondo del mar

los ojos
irán hacia el carbón, los ojos
brillan

los anillos
se ensanchan
en paz

un banco pintado de blanco
está brillando en el jardín, son
más de la una

traída desde el fondo
una piedra que pone:
I HATE NO ONE

alle furene
i berget, gamle gode
berget

ingenting
er ingenting, ingenting
er ingenting

ansiktet
er av stein, det
smiler

snøen
sporne
snøen

todos los pinos
en la montaña, vieja, buena
montaña

nada
es nada, nada
es nada

el rostro
es de piedra,
sonríe

la nieve
las huellas
la nieve

del libro

S

(1970)

Juni

RØD FUGL

Solen, som er
et
øye, er våken. Husene
sover, ikke

vi. Vi
ser, på gule
vegger, på hvite dørerr. På en rød
fugl med noe blått over.

Junio

PÁJARO ROJO

El sol, que es
un
ojo, está despierto. Las casas
duermen, nosotros

no. Nosotros
vemos, en muros
amarillos, en blancas puertas. Un pájaro
rojo con un toque azul.

Juli

LILLE POSTBUD, MIN DUE!

Kanskje det er
mue fin
post?
Ja, sa hun, med de gylne

øyene
sine, javisst! Gå ned på posten
og se
etter, du

Julio

¡PEQUEÑO MENSAJE DE AMOR, PALOMA MÍA!

¿Tal vez será
un muy bello
mensaje?
Sí, dijo ella, con sus dorados

ojos,
¡claro! ¡Ve al correo
y
recógelo!

SVARET

Hvem er det
du
er, hvem er det vi er, vi som er
glade, glade

- jeg ser inn
i et par øyne som lever
og får

til svar: Vi er to som fikk
en tid
sammen, her nede, til å være
glade – skall vi prøve det?

LA RESPUESTA

Quién es lo que
tú
eres, quiénes somos lo que somos, nosotros que somos
alegres, alegres

- miro dentro
de un par
de ojos que viven
y recibo

respuesta: Somos dos que tuvimos
un tiempo
juntos, aquí abajo, para estar
alegres -¿vamos a intentarlo?

- SOMMERNATTEN SOMMERNATTEN -

Tenke
på Ekeløf, uten
å
vite

hva Ekeløf
er, hvem Ekeløf var, bara kjenne
hans ord, hans
røst, tystnaden

mellan raderna, en frid
bortom allt, bakom
allt, inne i allt (vad rør mig
frid) – to billykter

borrer seg inn
i sommernattsdunklet, et par
øyne
som ingenting

venter, nå lyser
de hit – et
blaff. Så igjen blir sommernatten
sommernatten -

- NOCHE DE VERANO NOCHE DE VERANO -

Pensar
en
Ekelöf, sin
saber

qué es
Ekelöf, quién fue Ekelöf, sólo sentir
sus palabras, su
voz, el silencio

entre líneas, una paz
más allá de todo, tras
de todo, dentro de todo (en qué la paz
me toca) (vad rör mig frid) – dos focos de auto

taladran en
la penumbra de la noche de verano, un par
de ojos
que nada

esperan, ahora alumbran
hacia aquí – un
fogonazo. Entonces de nuevo es noche de verano,
noche de verano.

TRE RØDE RENDER

Det
er
som jeg ikke fins, denne voldsomme hvirvel
fra

dypet. Havets
hvirvel, havets
dragsug
- raseriets sentrum av ingenting

og ringene
rundt. Tre røde render
i
havets rygg.

TRES FRANJAS ROJAS

Es
como
si yo no estuviese, este violento remolino
desde

lo hondo. Remolino
del mar, absorción
del mar
- centro de la furia de nada

y en derredor
los anillos. Tres franjas rojas
en
el lomo del mar.

PUNKTUM

Et
punktum – en like god
åpning
som

noe annet:
Det
blåser.
Punktum.

PUNTO

Un
punto – tan buen
comienzo
como

cualquier otro:
Hay
viento.
Punto.

VEKKERKLOKKA

Vennene.
Vanskene.
Komme og går. Kommer
og blir. Som

vinden. Som
vannet. (Det er bare
livet
det her. Begynner tidlig

og slutter
sent. Som en annen
vekker
klokke.)

RELOJ DESPERTADOR

Los amigos.
Las dificultades.
Vienen y van. Vienen
y son. Como

el viento. Como
el agua. (Esto es
simplemente
la vida. Temprano empieza

y termina
tarde. Como otro
reloj
despertador.)

MORGENKAFFEDIKTET

Her er deilig
morgen
kaffe
till deg. Ja, vent

litt, jeg skal bare
ro i land
denne
drømmen først.

POEMA DEL CAFÉ MATINAL

Aquí viene el delicioso
café
matinal
para tí. Espera

un poco, a que
lleve a puerto
este
sueño.

Augusti

MOTSOLS

Havet, speilet, det som
glitrer. Det
som rommer
alle ansikt, det som hviler, som

venter. Det
som kaster seg
mot stein, mot strand, som vender
bladene

i sin blå
bok, sin store
blå
bok – havet, som har tid nok, ro

nok, havet
som aldri
blir
annet enn havet, selv ikke

i dette
diktet, skrevet med blå
filt
pena, till lyden

av bølge
skvulp
og påhengsmotor på fjorden, mens
vinden, sommer

Agosto

CONTRA LAS AGUJAS DEL RELOJ

El mar, el espejo, lo que
brilla. Lo
que toca
todo rostro, lo que descansa,

lo que espera. Lo
que se lanza
contra la piedra, contra la costa, lo que vuelve
las hojas

de su libro
azul, su gran
libro
azul – el mar, al que le sobra el tiempo, paz

suficiente, el mar
que nunca
se vuelve
otra cosa que el mar, tampoco

en este
poema, escrito con
lápiz
azul, al son

de olas
chapoteo
y ruido de motor en el fiordo, mientras
el viento, el viento

vinden
farer mildt
over arkene hans, over hårene
på lårene

hans, leggene
hans, sjø
glitter, saltstenk, på et
svaberg

i Ytre Oslofjord
tidligt
august – og lyset
ler!

de verano
pasa suavemente
sobre sus páginas, sobre el vello
de sus muslos

sus
piernas, el lago
brilla, salitre, en un
monte pelado

en el Fiordo Exterior de Oslo,
temprano
agosto -¡y la luz
sonríe!

September

KRÅKESANG

Det går
bra. Det koster
ikke
lite

energi og varme, mye går
til
kråkene, til
vinden, hele huset

skal vermes
opp! Det betyr
varme
også utenfor huset, huset

som står
i vinden, i verden, der verdens
vinder
blåser, verdens

kråker
lakser. De er kloke, kråkene. Seige
flygere. Holder
sammen, tre

og tre og
bygger
sære
erir. De kjenner blesten, de

Septiembre

CANTO DEL GRAJO

Todo
bien. No es poco
lo que
cuestan

la energía y el calor, mucho se
emplea
en los grajos, en el
viento ¡hemos de calentar

la casa entera! eso
significa
calor
también afuera de la casa, la casa

que se alza
en el viento, en el mundo, donde los vientos
del mundo
soplan, los grajos

del mundo
aletean. Son sabios los grajos. Tenaces
pilotos. Van
unidos, de

a tres y
forman
nidos
extraños. Sienten el viento,

kjenner
regnet, tre kråker flyr
over Trondhjem
by, kra kra

og atter
kra, mens husene sover
der
nede, sover

eller våker så stiger
røyken
opp!
- flyr og flyr og flyr.

sienten la lluvia, tres grajos vuelan
sobre la ciudad
de Trondhjem,
crac-crac

y otra vez
crac, mientras las casas duermen
allí
abajo, duermen

o despiertan ¡y el
humo
sube!
- vuelan y vuelan y vuelan.

UDEN FARGE

En
håndfull sand – og la
den
falle, kvelden

kommer, lyser
har gjort
sitt
for i dag, eikas blader

som var gylne
er snart
svarte, er snart uten
farge. Vi óg.

DESCOLORIDAS

Un
puñado de arena
- y dejarlo
caer, el anochecer

llega, la luz
ha hecho
lo suyo
por hoy, las hojas de la encina

que eran doradas
pronto serán
negras, pronto estarán
descoloridas. Así nosotros.

El Autor:

Jan Erik Vold (Oslo, Noruega, 18 de octubre de 1939) es un poeta lírico noruego, cantante de jazz vocal y traductor. A lo largo de su carrera como artista, ha fraguado un espacio en los corazones de los lectores, a través de su poesía y de sus opiniones sobre política. Ha ganado numerosos premios, entre ellos el debutantpris 1965 Tarjei Vesaas ' por su debut literario; El Fondo de Gyldendal en 1968; el Premio Aschehoug en 1981; el Premio de Poesía Brage en 1993; el Premio Gyldendal en 2000; el Premio Ambolt en 2004; y fue nominado para el Premio de Literatura del Consejo Nórdico en 1979 y 1999. Se le concedió un doctorado honoris causa por la Universidad de Oslo en 2000. Su trabajo ha contribuido en gran medida a la renovación de la poesía noruega y ha reavivado el interés en la poesía lírica. Él es un candidato constante para el Premio Nobel. Jan Erik Vold vive actualmente en Estocolmo.

El Traductor y Prologuista:

Roberto Mascaró (12 de diciembre de 1948, Montevideo, Uruguay) es poeta y traductor. Reside en Suecia desde 1978. Recibe el Premio de la Ciudad de Estocolmo en 1986; el Premio Internacional de Poesía Ciudad de Medellín, en 2002; el Premio del Fondo de Escritores de Suecia, en 2004. Estudios de Literatura y Estética en las universidades de Estocolmo, Uppsala y Lund. Autor de los libros Campo Abierto (1998); Campo de Fuego (2000); Montevideo cruel- tangos (2003); Un río de pájaros (2004); Viendo caer la lluvia de una ventana azul (antología, Alcaldía de Tegucigalpa, 2011); Nómade Apátrida (Catapulta, Bogotá, 2012); y la antología Campo Abierto (Editorial del Gabo, El Salvador, 2014) entre otros. Ha traducido del sueco al español la obra completa del Premio Nobel de Literatura 2011 Tomas Tranströmer, obras de Göran Sonnevi, August Strindberg, Edith Södergran y Öyvind Fahlström, entre otros.

www.ingramcontent.com/pod-product-compliance
Lightning Source LLC
Chambersburg PA
CBHW061152040426
42445CB00013B/1659